कौन जाएगा साथ

(कविता-संग्रह)

कौन जाएगा साथ

प्रसन्न कुमार पाटशाणी

अनुवाद

राजेंद्र प्रसाद मिश्र

प्रलेक प्रकाशन प्राइवेट लिमिटेड

*in association with JVP Publication Pvt Ltd

ISBN : 978-93-913904-9-5

पहला पेपरबैक संस्करण : सितम्बर 2021

प्रकाशक

प्रलेक प्रकाशन प्राइवेट लिमिटेड

PRALEK PRAKASHAN PVT. LTD.

702, जे/50, एवेन्यू-जे, ग्लोबल सिटी,

विरार (वेस्ट), ठाणे, महाराष्ट्र-401303

दूरभाष : 9987032902 / 7021263557

Whatsapp : 9833402902

Email : pralek.prakashan@gmail.com

Website : www.pralekprakashan.com

कौन जाएगा साथ : प्रसन्न कुमार पाटशाणी

Kaun Jayega Saath : *Poems* by Prasanna Kumar Patsani

आवरण : प्रलेक स्टूडियो

पुस्तक सज्जा : प्रलेक स्टूडियो

कीमत : ₹200

अनुक्रम

कलम

जलाओ रे सुबह के ललाट पर
मुक्ति का अनल
दलित के पुत्र,
रक्त की स्याही भरकर
आँको रे प्रलय का हाहाकार
जलाओ रे अनल
भरो रे कलम में रक्त
उठाओ रे ज्वार।

मिट्‌टी फाड़कर फूट पड़ो
सृष्टि के बुलबुले दृष्टि के मुकुल
निर्मल हंस।
सीना फाड़कर छीट दो
खून के छींटे
उठा दो परदा
कलम की नोक में सरसराती
रक्त की धार
कलम की गोद में
बल्लम खेलो रक्त उड़ेलो

यही समय है बींध डालो
कलम करे कदम ताल
पूँजीवाद होशियार होशियार
कविता मेरी है हथियार, है हथियार।

✦✦

खतरा

मैं शोषित प्राण के खर–खर्पर आँधी की तान
करोड़ों सीने में वेदना–बतास का मुक्ति गान
दुनियाँ भर के मरघट की जाग उठी है हड्डियाँ आज
रक्त तीक्ष्ण खड्गधर चिक्चिक् करता सूर्यस्नान
अगले दिन।

होता है शहीद का सम्मान
डरपोक के नसीब में है मौत जान।
जीवन का बलिदान
काल की गोद में मैं महीयान।

सावधान
धधकती चिता की तेज लपटों ने
छुआ है आसमान का छोर
सावधान।

उठ रहा हूँ, उठ रहा हूँ मैं कब्र खोदकर
रक्त कृपाण पिंजरे की छड़ें मैं
मैं हड्डी की हथौड़ी

काल के शोर की विकट चीख
माँस की दीवार पर
लोहे की कील समय की घड़ी
तेरे संगमरमर शंख चट्टान का फाट
शून्य छत की कड़ी
मिट्टी की सुरंग के नीचे
सुलगते धुएँ की बीड़ी।

मरघट छोड़ समाज से टकराकर
आया हूँ तमतमाया हुआ
तेरे शोषण का बिजूका।

✦✦

शरण

किसी भी
कोलाहल को
बदल सकते हो तुम
झगड़े में,
यहाँ तक कि विगलित
करुणा भी
चमकती चाँदनी–सी
मनोरम हो जाती है
तुम्हारे चाहने पर।

नहीं मांगता मैं कुछ भी
इसी तरह मुझे
अबोध बनाकर रखे रहो
अपनी शरण में!

✦✦

खिलौना

नाव
सोने की हो
या चाँदी की
डूबने का डर रहता है।

मुकुट
हीरे का हो
या मोती का
लुटने की आशंका रहती है।

सपना
चित्रित हो
या रंगीन
टूटने की प्रथा है।

✦✦

भगवान

कोई बच्चा जन्म लेने पर
भगवान उसके लिए
दूध भर देते हैं
माँ की छाती में।

जबकि
वह बच्चा बड़े होने पर
खाद्य के अभाव में
लगाता है नारे
और प्लाकार्ड थाम लेता है हाथों में।

शायद
यह उसका कर्मफल है
जो भगवान पकड़ा देते हैं
उसके हाथों में।

✦✦

पृथ्वी

कैसा है रंग
इस पृथ्वी का
अंधेरा
या उजाला ?

कैसी है इस
पृथ्वी की गंध
शुष्क
या आर्द्र ?

कुछ भी क्यों न हो
पर यह पृथ्वी
असहाय नहीं है।

✦✦

सेतु

गाँव में
झगड़ा करने पर ही तो
इस गाँव को छोड़कर
किसी दूसरे गाँव में रहूँगा मैं,

राजा से
झगड़ा करने पर ही तो
इस राज्य को छोड़कर
रहूँगा किसी दूसरे राज्य में,

किंतु हे प्रभु!
तुमसे झगड़ा करके
कहाँ रहूँगा ?

✦✦

छल

मैं पहचान नहीं पा रहा
अपनी दुनिया से
बेहद करीब की
दुनिया को।

मैं सह नहीं पा रहा
अपनी भाषा से
बेहद करीब की
भाषा को।

पर मैं निश्चिंत हूँ कि
केवल
मेरा वाक्य ही संपूर्ण है
मेरा सपना ही सच है।

✦✦

खोज

जिसे
बिंदु कहते हो
वह बिंदु नहीं
प्रलय है।

जिसे
परिधि कहते हो
वह चौहद्दी नहीं
असीम है।

मुझसे
परिचय मत मांगो
मैं एक आर्त्तनाद के सिवाय
कुछ भी नहीं।

✦✦

लालच

सिर्फ दो गज ज़मीन ही
तुझे चाहिए
पर तू चाहता है
विशाल साम्राज्य,
पेट मांगता है
कुछ रोटियाँ
तू ढूँढ़ता है
विपुल प्राचुर्य।

शरीर एक दिन
शव बन जाएगा
ले जाएंगे उठाकर तुझे
श्मशान,
साम्राज्य
प्राचुर्य जितने हैं तेरे
तब
नहीं होंगे तेरे साथ।

✦✦

प्रगति

चुनाव के
पोस्टरों से
पटी पड़ी हैं
दीवारें,

उस ओर ताकता
चुपचाप
खड़ा है एक भिखारी
मानों नाप रहा हो
सन्नाटे की
लंबाई और चौड़ाई..........

✦✦

नर्तकी

मैंने पूछा
और क्या जानती हो
नृत्य के सिवा ?
उसने कहा
तुम और क्या जानते हो
बंदूक चलाने के सिवा ?
मैंने कहा
मेरे बंदूक उठाने से
सूर्य कहता है, हुक्म करो...
उसने कहा
मेरे नृत्य करने से
तुम बंदूक रखकर
सलाम करते हो...

इंतज़ार

मेरी साँसों से
विष का भाप
निकलता है।

गलित चेतना की
शून्यता में
समय
बारूद का
अंबार
बन चुका है।

आसमान से कब
इस बारूद के अंबार पर
तोप और गोलियों की बौछार होगी
मैं इंतज़ार में हूँ।

✦✦

माया

पैरों के इतने निशान
मिट चुके हैं
तुम्हारे भी
मिट जाएंगे।

इतने सिंहासन
धूल में मिल चुके हैं
तुम्हारा भी
मिल जाएगा।

मत पूछो किसी से
सूर्य कैसे जन्म लेता है
और रात कैसे बीत जाती है,
खुद से सिर्फ इतना ही पूछो
कहाँ से आए हो
और भेजा है किसने....

प्रिया

क्यों बहाती हो आँसू
मैं एक भिन्न पथ का यात्री हूँ
पथ मेरा कंटकित है
नहीं है वहाँ प्रेम और प्रीति।

तुम्हारे आँसू यदि
बुझा सकते
मेरे भीतर की आग को
तो कहता प्रिये
थोड़े आँसू और बहा दो।

यदि मेरे साथ तैर सकती हो
तो आओ, तैरो मेरे साथ
क्रांति की नदी में
तोड़कर सारे बंधनों की डोर।

✦✦

सम्राट

देखा महाराज आपने!

घास पर
ओस की बूँदें नहीं हैं
सिर्फ धूल है,
पेड़ों के पत्ते
पीले पड़ चुके हैं,
कोई चिड़िया तक
नहीं दिख रही
राज्य में
पूर्व दिशा छुप गई है
घने कोहरे में।

सम्राट मुस्कराए
और बोले, 'स्वर्ण' युग की सुबह
हुई है हमारे राज्य में
इतने दिनों के बाद'।

✦✦

भय

युवराज को खबर कर दो
लौट आएँ कूच से
गुप्त पथ से होकर,
महाराज से कह दो
यह वक्त चहलक़दमी का नहीं
महल की छत पर।

सभी मिलकर
जोर से पकड़ लो सिंहासन को
ताकि डोल न सके
और बंद कर दो
सारे फाटक महल के।

आसमान में
भयंकर रूप से
छाने लगी है लाली,
गुप्तचर ने खबर दी है
आ रहा है
एक तूफान प्रलयकारी।

✦✦

तलवार

कंक्रीट की दीवार पर
लटकती तुम्हारी तलवार
एक प्रतीक है
समृद्ध परंपरा की।

म्यान को देखने पर
जी करता है खोलकर देखें
तलवार की तेज धार।

मेरी शक्ति है
तेज धार
जीवन तुम्हारा
तलवार की म्यान
इसी तरह
लटकी रहेगी
न जाने कितने साल ?

सफेद दीवार पर
लटकी तुम्हारी तलवार
रक्त के गुलाल से खुद को
है रंगने को तैयार।

✦✦

रक्तमुख

नीले विष के धुएँ से ढकी है
रंगहीन मनुष्य की कथा
रात को उठा है बतास
बुझे रक्त के अंगार जलाकर
बिखरे बालों की महक उसकी
नीली हुई है सागर की मुलायम लहरों से।

इस सभ्यता की आँखें खुलती है
सूर्य तौलता है उसकी पुतलियाँ
तराजू में लेकर रक्त के बँटकरे,
आज दग्ध शताब्दी का यह हाड़
जल रहा है अग्नि के मंत्र से
प्राण में पवन झोंककर अंध समाज
प्राणायाम कर सकता है
फिर भी विरही है कविता।

गरीब के जीवन का पहिया नहीं घूम सकता
दादन की टूटी सड़क पर
पूरी पृथ्वी का स्वर उच्चरित होगा

खानों और खदानों में।
सारी पृथ्वी का स्वर उच्चरित होगा
मनुष्य के रक्त और मांस से झरेगा
रक्तमुख शताब्दी का मन।

✦✦

विषाद नदी की भाषा..

एक साल से हाथ मेरी प्यारी नदी
तुझे देख न सका
तेरे गर्भ के सारे पत्थर
सचमुच बन गए वेदी
जिस पर सिमटकर साँझ का सूर्य
अरण्य के साथ रोज़ाना बाँधता है शादी की गाँठ
नदी के विषाद गीत
मुझे बनाते हैं आदिम वन्य बैरागी।

सारे पेड़ असंख्य कंकालों की शांत कब्रगाह
जिससे टिके खड़े हैं
आकाश को ढके दुःख के बादल
लटका है एक मरा गिरगिट
जिसकी लाल गाल से गिर पड़ी है
धूप की कौड़ी
हरे सिजू पेड़ की कोमल डाल के आलिंगन में।

तुम्हें चाहने का उदास अतीत
आज दीमक की बाँबी के रूप में खड़ा है

क्या उस पर नहीं बैठती रात
सीधी–सी कज़लपाखी बन ?
क्या साँप लौट नहीं रहा
मान–मनौव्वल की ज्वाला लिए
तुम्हारे किनारे के उदार गड्ढों में
छोड़कर अपना केंचुल।
शोक की लोरियाँ लिखते–लिखते
विच्छेद से मधुमक्खी के छत्ते में
क्या नहीं लौट रही मधुमक्खियाँ
चारों ओर है हताशा और
विस्मय का स्वतःस्फूर्त आवेग।

ऐ नदी, कहाँ गया तेरा
प्रीति–मधुर निर्जन अनुराग
नदी का छल–छल दो टूक जवाब
क्या वह कुआँरी लौटकर आती है
जो एक बार किसी की बहू बन जाती है।

✦✦

ईश्वर क्या करेंगे

क्या सारा विश्व एक दिन बन जाएगा
ठंडा बर्फ
मछली की तरह सहसा मेरे शव की पैकिंग होगी
किसी देश, ग्रह, ग्रहांतर
नक्षत्र से चाँद के लिए।

हाय, ईश्वर क्या करेंगे!
वैज्ञानिकों की घोषणा यदि सच हुई
पृथ्वी ही बन जाएगी बर्फ का एक फ्रिज
ईश्वर की आत्मा बन जाएगी अनंत शून्य
देह बन जाएगा कटा तरबूज
सड़ेंगे नहीं फिर कभी मिट्‌टी के नीचे
बीज और वनस्पति।

ये लोग क्या करेंगे
जिन्होंने दी थी फाँसी सूर्य को
आसमान के हाथ काटकर
फेंक दिए थे पाताल में
समुद्री–ज्वार की आँखें निकालकर

अंधा कर दिया समुद्र का जल
दफना–दफनाकर मनुष्य के कंकाल
नदी को बना दिया नाला
केनाल को नाली
जलाने को कोई बचेगा ही नहीं
उनके शव!

सारे सपने हो जाएंगे निरर्थक
कल्पना में लग जाएगी दीमक
बुझ जाएंगी देहवादी कविता की चिताएँ
मेरी समस्त पांडुलिपियों की स्याही पोंछकर
जन्म लेगी अँधेरी रात
मेरी देह तब्दील हो जाएगी
बर्फ के हरे कागज़ में
जिस पर उड़िल जाएगी
मेरी सुंदर कविता की दहेजी दवात
जन्म लेगा एक लाल महावर का सूर्य
आंक देगा पृथ्वी का नया मानचित्र
बन जाएगी देह मेरी
बर्फ ढकी मिट्टी पर सेंवार
ऐ मेरी कविता तू जन्म लेना
हमेशा मेरे दिल में एक चुंबन बन
झरते रहना खिलते फूलों में मुरझाकर।

✦✦

मौत को हो गया कैंसर

मौत के मुँह में ले जाकर
उड़ेल दो जीवन को
लेकिन मैं अटक गया
मौत के कोमल गले में
ठीक मछली के एक काँटे–सा।

मौत निकट है
असीम गड्ढे भरे पथ पर
देखे सारे हड़ताल, जुलूस और
कोलाहल मौत के गर्भ में अचानक।

पर मौत निगल नहीं पाई
उस लाल पत्थर पर लिखा था–
"ऐ दूरंत मौत हम देखना चाहते हैं
शासन की भूखी स्वार्थ पिपासा
क्यों सर्वनाश कर रही है इंसान का"
इत्यादि छोटे–छोटे काँटों के उज्ज्वल अक्षर
और हड्डियों का प्लाकार्ड
अटक गया है मौत के गले में।

मैंने फिर देखा गौर से
मौत की छाती में लटकी हुई है
मेरी प्रियतमा की कविता
लोहित लोहे के अक्षर
जिसे हज़म नहीं कर पाई
मौत की महाकाल क्षुधा
छाती उसकी सड़कर
बन गया है कैंसर।

✦✦

एक बार मेरी आँखें खोल दें

सिर्फ एक बार आँखें खोल दें
देखना चाहता हूँ अपनी प्रिय नदी को
किस तरह प्रिया की बूँद भर आँसू से
खिल उठी है एक कुमुदिनी वहाँ।

देखना चाहता हूँ नीला पर्वत
देखना चाहता हूँ सुदूर वन
मेरी आँखों की तरह चारों ओर उसके
कैसे घिरा है घना अंधकार।

आकाश की बीच अंगुली में
सूर्य की अँगूठी कैसे घुसती है
देखना चाहता हूँ उजाले के पैर
सागर की लहरें कैसी दिखती हैं।

लाल नीले रंग लिए आती है ऋतुएँ
छह रूप छह पोशाक हैं उसकी
आँखें हों तब ना उन सबको देखूँ
कैसे दिखते है साँझ और सबेरा।

हरी घास पर लगी होंगी
बूँद–बूँद ढेरों ओर की बूदें
वे बूँदें मेरे सीने में अक्षर हैं
जी करता है उन्हें पढ़ता रहूँ।

एक बार मेरी आँखें खोल दें प्रभु
प्रियतमा का चेहरा देखने के लिए
वेदना के बादलों से वह चेहरा
झाँकता है नीला चाँद बनकर।

प्रिया पहने होगी सुनहरा घाघरा
घाघरे में टँके होंगे काँच के पत्थर
उन काँचों में मैं अपना चेहरा देखता
मुस्कराती रहती मेरी प्रिया बार–बार।

एक बार आँखें खोल दें प्रभु
आपके लिए नहीं यह कोई मुश्किल काम
देखता प्रिया को चुपचाप
देखता, सचमुच वह है कितनी सुंदर।

✦✦

बाढ़

अचानक आई बाढ़
बह गए मरघट के लक्कड़ और अंगार
फटे–चीथड़े, हाँड़ी और सिकोरे
देखते–देखते डूब गए नदी के किनारे
सरकंडे के जंगल।

भागे सूअर चरानेवाले इधर–उधर
ले अपने–अपने सुअरों के झुंड
तोड़ दिए प्रवाह ने पल झपकते
उनके छोटे–छोटे घास–फूस के घर।

दोनों तटों में भर गया पानी
समतल अंचल और गाँव–द्वार में
घुस गया पानी,
तेज धार टकराने लगी अहाते की दीवारों से
बाप दादों पुरखों के घर
हहाकर ढक गए पानी में, सिर्फ
जान बचाकर निकट ही टीलों पर
आसरा लेने वाले परेशान लोग
चुपचाप आँखें पोंछ रहे थे।

दस किलोमीटर के घेरे में बने
एकमात्र मंदिर में
घुस गया पानी और लाचार देवता
जलमग्न हो गए, फिर भी फर्रफर्र
फहराता मंदिर का झंडा ही
उड़ता रहा ऐसे समय में।

और उसके साथ नदी का प्रकोप
कोई कुछ नहीं कर सकता
सिर्फ इंतज़ार ही करना होगा
बाढ़ का पानी घटने तक।

[दो]

तुम्हारी आँखें
कभी–कभी नदी बन जाती हैं
और इसी तरह अचानक उस नदी में
न जाने कहाँ से पानी आ जाता है।
जूड़े से फूल गिर जाने–सा
धैर्य मेरा तब
अतल में समाता चला जाता है।

मैं आतंकित हो जाता हूँ
कहीं से भी आश्रय न पाने के आतंक से
और भी लस्त–पस्त हो जाता हूँ

उलझकर–पुलझकर तुम्हारी गंभीरता के
ढेर के ढेर घास–फूस और झाग से।

ज़रा–सी बारिश से जैसे
तैरने लायक पानी भर जाता है
कटक शहर में, जरा–सा रूठने से तुम्हारे
उसी तरह तेज आँधी आती है
मेरी इस चाहरदीवारी की दुनिया में।

[तीन]

नदी के दोनों तट ढह रहे थे
रुक्ष घो–घो के शोर से
और कुछ भी सुनाई नहीं दे रहा था
मानों सिर पर आकाश ही न हो
ठीक वैसा लग रहा था।

एक चिड़िया तक
नहीं दिख रही थी कहीं
मोटे पेड़ के तने को
पानी ने घेर रखा था और लगभग सभी
बातें कर रहे थे
नदी का पानी बढ़ रहा था।

[चार]

एक बार पानी मटमैला हो जाए
तो समय लगता है
उसे साफ होने में,
इसलिए मैं कभी नहीं चाहता
हमारे रिश्तों का नदी–जल
कभी मटमैला रहे।

जब सुना कि
बाढ़ आई है
मैं भागा...........
पर तुम्हारी ओर या नदी की ओर
समझ नहीं पाया।

✦✦

कल रात एक भूत आया था

रात एक झूलती तलवार
झड़े पत्ते के जाले में
मरी मकड़ी के शव–सी।
बाघ के नाखून–सी दिखती है मेरी अंगुली
ओह! रात एक झूलती तलवार।

हवा बन गुदगुदी करती है तू
मेरे पूरे बदन में,
पक्षी के पंख बन
पंखा झलती है मुझे
तू पास नहीं
फिर भी पास है,
दूर नहीं है
जबकि दूरी बढ़ गई है हमारे बीच।

दिन हो या रात
वही एक बात याद आती है बार–बार
यौवन के चाबुक की मार,

बड़ा कष्टदायी और एकाकी लगता है
कामना का नीला–नीला हर प्रहर।

सुनो! कल रात
कोई आया था लुक–छिपकर
मेरे बाल, कपाल और हाथ
सहला रहा था, मैंने सोचा शायद तुम हो
मैंने पकड़ तो लिया हाथ
पर वह हाथ कुछ अजीब–सा लगा।
हाथ नहीं, बल्कि एक हड्डी थी
और वह था एक कंकाल।
मेरे चिल्लाकर पूछने पर कि
कौन हो, सीना उसका धक्क से रह गया
आँखें हो गईं गन्ने की क्यारी की ततैया,
सचमुच, उस क्षण मैं,
गुड़ की हाँड़ी में चींटे–सा चिपक गया था
साँसें उसकी सुनाई दे रही थीं बिजली–सी।

तू डर गई क्या ?
जब तू आएगी
पहना दूँगा तुझे
चुंबन की ताबीज, क्या आएगी ?
जी करता है

तोता–मैना की तरह
नील गगन में उड़ते हम
बरगद की डाल पर बैठ
दुःख–सुख बतियाते
सूर्यास्त से रंग चुराकर
अपने घोंसले में सहेजकर रखते।

मैं तोड़ डालूँगा तेरा कारागार
तेरे खोए उपवन को ढूँढ़ लाऊँगा
सपने की मशाल जलाकर दूर कर दूँगा
आशंका की धुंध, बारिश बन
भिगो दूँगा तेरी सूखी माटी
गढ़वा दूँगा तेरे लिए
ऐतिहासिक प्रणय का किला बाराबाटी।

नदी से पूछता हूँ तुम्हारा पता
पक्षियों से पूछता हूँ तुम्हारा कुशलक्षेम
समय की लहरें टकराती हैं मेरे चारों ओर
क्रमशः लोहे–सा ठोस हो जाता है
भीगा–भीगा प्रतीक्षित प्रहर
और निस्तेज होती दीपशिखा की रोशनी में
इंतज़ार करता हूँ सुनने को
तेरे क़दमों की आहट।

तू पान का पत्ता बन जा
मैं चूस लूँगी उसकी एक–एक बूँद
तू चाँदनी फूल बन जा
मैं अँजुली में भरे रहूँगा उन्हें रात–दिन।
तू आई ही नहीं
ढेरों बातें थी कहने को
जानती है, कल रात एक भूत आया था।

सही किया जो आज नहीं आईं

सही किया जो आज नहीं आईं तुम

इंतज़ार की गहरी चिलिका झील में
डूबते–उतराते समय
तुम्हारी भेजी हुई वेदना की खबर
काँटा बन समा गई मेरे गले में,
सारी लहरें रक्तवर्णी हो गईं
मेरी साँसें रुँधने लगीं
उलझ–पुलझकर यंत्रणा के सेंवार में।

नहीं आईं सही किया,
आई होतीं तो न सह पाती इतना दुख
चाँद उगने से पहले
कैसे गिर पड़ा सूर्य
कुमुदिनी की कोमल पंखुड़ियों पर
बिना शोर–शराबे के जल गई तितलियाँ।

जिससे भी पूछा तुम्हारे बारे में
सबने मना कर दिया।

हवा ने कहा, वह नहीं आएगी शायद,
और चिड़ियों ने कहा
मुलाक़ात ही नहीं हुई,
इतने में किसी ने झोंक दी
मेरी आँखों में भर–भर मुट्ठी धूल।

तुम आई होतीं तो न सह पातीं
कैसे घुस गया था मेरे सीने में चाकू,
वह चाकू तुम्हारे विरह के
सीने को भेदते हुए घुस गया
ओहः कितना निष्ठुर था।
दोनों बाँहों में तुम जकड़े होतीं मुझे
और आलिंगन करते समय
काश! मुझे मौत आ जाती।

तुम नहीं आईं, न सही
तुम्हारे पॉलिस किए नाखून में
चिपका हुआ है मेरा मन ज़रा–सा मैल बन
आई होतीं तो देखती
तुम्हारे क्रोध की प्रचंड दुपहरी में
एक अंधा कुणाल किस तरह
बाँसुरी बजा रहा था
साँप को रस्सी बना
बिल्वमंगल बन चढ़ती नदी में

कूदने के लिए
किस तरह तैयार हो रहा था
और तुम्हारे आने के इंतज़ार में
एक–एक सीढ़ी पर किस तरह
अपना दिल बिछा दिया था।

सही किया जो आज तुम नहीं आईं।

✦✦

अज्ञातवास

अज्ञातवास मेरे जीवन का
एक सहवास है
अंधेरे और उजाले के
खुले केश से मैंने गुंथी हैं
न जाने कितनी वीरान घड़ियाँ
तभी आज मेरी कलम पैनी है
ढेरों प्रेमिकाएँ हैं
छिपी है परछाइयाँ उनकी
कविता की पंक्तियों के नीचे–नीचे
कविता सुनने के लिए
मुक्त कर दिया है उन्हें यमराज ने।

फिर भी सपने में प्रेमिकाएँ
समेट रही हैं कविता का एक–एक अक्षर
मेरी आत्मा का विवर्ण हस्ताक्षर।

प्रेमिका के स्तन से कभी नहीं झरा
मातृत्व का दूध,
चाँद से कभी नहीं बहा

आँखों का काजल।

प्रेमिका और चाँद
ठीक पारद पीठ हैं
जहाँ जा छुपी है कांति
करके बार–बार जीवन को तबाह।

जंगल की गुफा, है गहन धर्म के तत्व–सी
यदि कभी होती है वहाँ मुलाकात
अनजान नदी से,
खोदकर देखने से उस नदी की मिट्‌टी को
उसका अस्तित्व बचा है
झरने में उसका स्वर है।
उसके स्वर के लावे में हैं
विदाई के बेले का विहाग
क्या नदी अब नहीं लौटेगी
जंगल की गुफाओं में!
बन सकती है वह मेरी प्रेमिका
पर उसका मातृत्व है,
खोदकर देखो उस नदी की माटी
उसका सतीत्व भी है।

यदि यह रात हुई होती
उस आज्ञतवास की रात

बंदूक–गोले से तोड़कर
अंधेरे की छाती
पहन ली होती सूरज की चिता।
यदि यह रात हुई होती
पुलिस के घेरे की वह रात
नदी में तैरने की रात
फेंक देता कविता का गोला
टूट जाता शोषण का पिंजरा।
यदि यह रात हुई होती
गाँव–जवार की साँझ तले
नई नवेली दुल्हन की
दीया जलाने की रात
उठा देता उसके चेहरे से घूँघट
भर देता उसकी माँग में
सतीत्व का सिंदूर
छू नहीं सकता अँधेरा जिसे।

फिर भी दूर बहती है चाँदी की
तरल नदी, खूब झिलमिलाती
मेहनतकश इंसान का पसीना,
देखा है बहते वहाँ शोषण की तमाम लाशें।

शोषण की बाढ़ में
कभी बहा करता था मछली–सा
पर नहीं बनूँगा लाश।

आसमान से गिद्ध की परछाईं
लटकी होने की तरह
मेरे पीछे–पीछे होती है पुलिस की परछाईं
मछली को काँटे से पकड़ने–सा
बंदूक की नोक पर मुझे पकड़ने की सतर्कता
मैं नहीं कोई साधारण मछली
निगले हैं मैंने
इमरजेंसी के सारे वैभव।

पवित्र मुहूर्त है
सूर्य पढ़ते है मंत्र
आकाश गुंथता है
पक्षियों की वरमाला मेरे लिए
साक्षात् मत्स्य अवतार जो है।

वृक्ष, जहाँ आकाश और माटी
पढ़ते हैं साम्यवाद का मंत्र
कलाई में एक सुंदर गँठजोड़ हुई है
प्रकृति का मिलन हुआ है।

शोषण की बाढ़ में
विरोध की मछली बन तैरने की अपेक्षा
समाधि के आलोक में बहना बेहतर है
जहाँ युद्ध होता है विवेक का, चेतना का
जहाँ युद्ध होता है शैतान का।

नेत्रदान

अचानक मुझे लगा
ईश्वर भी अंधे हैं।

मैं अंधा न हुआ होता तो
तुमसे न मिल पाता ईश्वर
अंधे से अंधे की
मेल–मुलाकात तो सदियों से है।

जिस तरह कोयल
कोयल से मिलती है कूक में,
कौआ कौआ से मिलता है चिकने डैनों पर
चोंच गड़ाकर गोपनीय प्रेम में
कजलपाखी कजलपाखी से मिलती है
दूर हर्र के घने जंगल में,
कबूतर मिलता है कबूतरी से
मंदिर के कंगूरे पर।

जब आँखें थीं मेरी तब तुम्हें
कभी देखा ही नहीं ईश्वर।

सिर्फ इतना देखा था कि
तुम फूल और तितली के बीच
एक संगम बनकर छुपे होते थे,
तुम नदी, झरने और
समुद्र के संगम में एक शब्द बन
सुनाई देते थे,
तुम प्रणयिनी शंख के मुख से
एक नाद बन सुनाई देते थे
सुनाई देते थे मंदिर में वेद बन,
तुम लुढ़कते थे जीवन की बोतल में
भक्ति की नशा लुढ़काकर।

रात के शराबखाने में
सुना था, तुम बाँटा करते थे
अक्षय विभूति।
गरीब के करुण क्रंदन में
तुम छुपे थे
एक दुख बनकर
तुम आओ,
बताओ, दंड में तुम
कहाँ रहते हो दंडित होकर।

जब आँखें थीं
तुमसे कभी भेंट ही नहीं हुई,

जन्म जन्मांतर के बाद
आज अंधा होने पर मिल रहा हूँ
तुम कितने गौरवशाली हो
तुम कितने वैभवशाली हो
मेरे देश की अगणित जनता को
नेत्रदान करके।

✦✦

लंका कांड

सभी कहते हो
मैंने पाप किया था तभी दंड मिला,
क्या किसीने कहा ?
मैंने पुण्य किया था तभी अंधा हुआ।

और तुम्हारी छाती के भीतर का अँधेरा
जो तुम देख नहीं पाती थी
उसमें मैं समा गया।
हर इंसान के दिल में समाकर देखा
वहाँ भगवान नहीं है।

एक राक्षस गहरी नींद में
खर्राटे ले रहा था
तुम्हारा मन जड़ गया है दुःस्वप्न बन
रात का चेहरा एक रावण है
मेरी दोनों आँखें तीर से बिंध जाती हैं
तुम्हारी देह की लंकापुरी प्रणय की स्वर्ण सीता
चुराई हुई आत्मा में
रोते–बिलखते रामचंद्र को दंड मिला था,

अंधेरे के वनवास में
क्या उस वक्त पुरुष नहीं थे।

मैं देख रहा हूँ :
हर पक्षी के गले में
एक शांत संगीत चलता रहता है
हारमोनियम बन बज उठती है सुबह

मैं देखता हूँ :
हर पशु में
मनुष्य का वही हिंसक आचरण
सड़ते पशु की आत्मा
बाहर आने को अधीर
मनुष्य की हड्डियों के भीतर
सफेद हड्डियों में
गरल का वह कैसा रंग है।

इंसान का क्रोध
साँप से भी भयंकर है
मैं एक शत्रु देख रहा हूँ
इंसान इंसान का शत्रु है
ईश्वर ईश्वर का मित्र

ऐ अंधेरा
दिखा दे तू मुझे
प्रकाश का देवता।

✦✦

प्रगति की है हमने

हाँ, प्रगति की है हमने
बलात्कार में, मिलावट में
शिशु हत्या, नरबलि, बेरोज़गारी और मँहगाई में
ये सब हैं, हमारी ही करामात,
सब हैं हमारे ही हाथ की सफाई
भूख से अधीर माँ बेच देती है
अपना पेटपोंछना छौना धीरे से किसी दूसरे को।

हो रही है बाज़ार में जवानी की नीलामी भी
उम्र बीत जाती है तुम्हें सलाम कहते–कहते
यह मेरा प्रारब्ध नहीं,
मेरे कर्मफल ने बनाया है गुलाम मुझे।
कितनी जल्द खत्म हो जाती है मेरी आयु,
करते हुए तुम्हें सलाम, सलाम।
प्रगति की है हमने शिक्षा के नाम पर
जो हैं बड़े नराधम
करते सदा विश्राम वो
घर–द्वार साड़ी, गाड़ी देते नहीं आराम

उदर वृद्धि, रक्तचाप, हृदयरोग
करते हैं लीला बना बसेरा,
राजनीति के नाम पर
सारी झूठ, सारी प्रवंचनाओं
धोखाधड़ी से हो गए परेशान हम।

फिर भी प्रश्न–पत्र चोरी होते हैं
बिकते हैं पान की दुकानों पर,
प्रगति की है हमने
भाग्य निधार्रित करते हैं हमारा
यमराज कंप्यूटर
शिक्षा के नाम पर तुम
तोड़ रहे हो सारे नियम।

हो जाए यदि अजीर्ण
मिलती हैं सस्ती यहाँ
हाज़में की नकली गोलियाँ भी
बिना इलाज के होता नहीं
हज़म यहाँ खाना तुम्हारा।

प्रगति कर रहे हैं हम तेजी से,
यदि नहीं देखा, देखो जरा
कैसे उस महान नारी ने
चखा था साग।

मरते हैं नित शिशु यहाँ
समझ आता नहीं वह अनजान रोग।

जाकर देखो,
दुखियारी कालाहाँडी के
आँखों के आईने में,
आँचल के छोर में
गरीबी को बाँधकर
किस तरह काट रही है
जीवन की रफ्तार
सारे राग–अनुराग,
भुवनेश्वर में बैठकर
तुम करते हो भोग।

प्रगति की है हमने काफी
साहित्य और संस्कृति में।
भाषा तुम समझो, न समझो,
भाव में अटक जाता है मन
भावहीन को मिलता नहीं धन,
ऋण के नाम पर है जितनी प्रवंचनाएँ
पिपली के अस्सी साल की बुढ़ियाँ को
दुबारा मिला है साइकिल लोन,
ठीक ही किया मैंने
काटी नहीं दाढ़ी,

क्योंकि सेलूनवाले को मिला है ऋण
नायलोन का जाल खरीदने को।

नाव नहीं केवट के पास,
किसान के पास नहीं खेत....
जब्त किए हैं तुमने
गाँव के गरीबों के
सूप, मूसल, गगरी
खिड़की और किवाड़।
बैठे हो तुम यहाँ पहनकर
माणिआबंध के रेशमी कपड़े।

कहते हो सभा–समितियों में
देश खूब आगे बढ़ गया है
चिल्लाते हो, शोर मचाते हो।
देखते हो लौंडों के नाच
या फिर बाल–लीलाएँ।
भर–भर पन्ने छापते हो
प्रगति के नाम पर अखबार,
ढेर के ढेर फोटो और
बढ़ा–चढ़ाकर डींगें हाँकते हैं
झंडा फहराते चमचे तुम्हारे
और तरह–तरह के सयाने भाट।

✦✦

तुम्हारे जीने के लिए

पक्षी सुरक्षित है
चुपचाप संवाद करता है
मादा पक्षी से पेड़ की डाल पर।
कीड़ा भी सुरक्षित है
संगम करता है चुपचाप नाली में
कुत्ते का भी सम्मान है
निडर हो जूठे पत्तल चाटने
और भौंकने में।
कहावत है कि
कुत्ता भी शेर होता है
अपनी गली में।

गिद्ध को भी अधिकार है
चाहे कितना ही ऊपर क्यों न उड़े
नज़र पड़ जाती है शव पर
शव सड़ने से पहले
माँस नोच–नोचकर खाता है चैन से
और सुरक्षित उड़ जाता है
पेट भर जाने पर।

चूहे को भी अधिकार है
अपनी इच्छा से कुठला कुतरकर
धान खाने का
बोरे में घुसकर
मूँग खाने का और
बेशकीमती पोशाकों को
धीरे–धीरे नुकीले दाँतों से कुतर–कुतरकर
नष्ट करने का बड़े आराम से।

जंगल में शेर भी
मदमस्त हो जाता है बड़ी आसानी से
शीतलहर से जंगल काँपने पर भी
टोकनेवाला कोई नहीं होता
पेट भरने पर सो जाता है
झाड़ियों में आराम से।
नदी के जल में
मछली भी तैरती है
पानी को काटते हुए
चमचमाती हुई तैरती है
गँदले पानी की
चिंता नहीं रह जाती उसे
एक बार पानी में घुस जाने पर।

माटी को बींघते हुए
भ्रूण भी निकलता है आराम से।
अंकुरित होता है
धान भी चिंता नहीं करता
बेशर्मों की।
हँसिये में जंग लग जाने पर भी
डरती नहीं धान की बालियाँ।
बालियों को निडर हो
खा जाती हैं टिड्डियाँ
परवाह नहीं उन्हें
खेत की फसल उजड़े या
कटाई हो।

तो फिर तुम इंसान
क्यों इतने उतावले रहते हो
किसकी चिंता में
किसके धन के लिए
किसकी क्षमता के लिए
किसके यौन के लिए,
देखते–देखते पहुँच जाते हो
कारागार में।

क्या तुम कीड़े–मकोड़ों
पक्षी और कुत्तों से भी हीन हो कि
जीने भर की भी जगह नहीं
तुम्हारे लिए इस पृथ्वी पर ?

✦✦

मैं ओस की सेज बिछा दूँगा

सभी फूल माला नहीं बनते,
सभी वरमाला
सुखी वैवाहिक जीवन के लिए
ज़िम्मेवार नहीं होती,
देवता के माथे पर सारे फूल नहीं चढ़ते
नहीं झरते सारे उनके चरणों में।

सभी फूल शोभित नहीं होते
मंत्री जी के गले में
चप्पलों की माला भी पहनाते हैं
चुनाव नज़दीक आने पर,
अर्थी पर सभी फूल
गुलदस्ता नहीं बन पाते
जैसे सारी नदियाँ
समुद्र में नहीं समा पातीं।

जो फूल बच जाएँ
भेज देना मेरे पास चाँदनी रात में
वह नारी बनी सोती रही सुकून से।

मैं ओस की सेज बिछा दूँगा
और ओढ़ा दूँगा घास की चादर
रात की सिंदूरदानी में छुपाकर रखे
सूर्य को लाकर खोंस दूँगा भोर की मांग में।

समुद्र की कटोरी से बादलों का चम्मच लेकर
परोस दूँगा धुँध का स्नेह
आकाश के तारे अधखिले फूल बन
झड़ जाएंगे हमारे ऊपर और
नदी की माला बन
लिपट जाएंगे समुद्र के गले से।
विष से नीली हो जाएगी पृथ्वी
उसी पर हम तैरेंगे
बूँदभर अमृत के लिए
तुम बनोगी आँसुओं का पलंग
मैं सोऊँगा
चाँद की पुतलियों और
रात की भौंहो के बीच।

✦✦

कविता को बनाए रखूँगा हथियार

मिट्टी से बनता है देश
देश से मिट्टी नहीं
उसी मिट्टी पर
रहनेवाले, अगणित जनता से बना है
हमारा भारतवर्ष।

मुठ्ठी भर भात नहीं मिला
न मिली दो रोटियाँ
चुनाव आने पर नेतागण
सब कर देंगे कहकर, सब लूट ले गए।

सारी नदियों से समुद्र नहीं
समुद्र से बनी है नदियाँ
पसीना बनकर बहते
आँसू बनकर झरते
उस समुद्र पर
कहाँ पड़ती है किसी की नज़र
इतने सालों से
राज कर रही है राजनीति

पहनने को कपड़े नहीं
पेट में दाना नहीं
जब तक दे नहीं सकते
चुनावी समुद्र में लहरें गिनकर
समय बर्बाद करने से
भला लाभ किसे होना है ?

नहीं चाहिए ऐसा गणतंत्र
नहीं चाहिए ये वोट
गड्डी–गड्डी नोटों से
किसे सौंपते हो क्षमता–पत्र
पूँजीवाद को या सर्वहारा को ?

यह लड़ाई
पूँजीवाद और सर्वहारा की लड़ाई है
मेहनतकश और लुटेरों की है
यह लड़ाई युग–युग से उसकी है
जिसके सामने गणतंत्र खड़ा है
प्रवंचना बनकर।

इंसान को आज नहीं है
जीने का अधिकार
जीने का दूसरा नाम है संग्राम
संग्राम का एक और नाम है जीवन

कब तक चलेगा यह संग्राम
जीवन और रोटी के लिए।

जब तक रहेगा
यह शोषण और अत्याचार
पीड़ित इंसान के लिए
कविता को बनाएंगे हथियार।

✦✦

एक शर्त पर

अगर मौत आकर मुझसे कहे
कल तुम और मैं साथ चलेंगे
मैं बेहद खुश होऊँगा।

चूँकि मैंने तो कोई
बुरा काम किया नहीं है
इसलिए यहाँ से
और भी अच्छी जगह
अच्छे लोग
अच्छा आकाश,
अच्छा जंगल नहीं देखूँगा
कौन कह सकता है ?
मौत की बात पर
मैंने हामी भर दी।

पर मैंने कहा कि एक शर्त है
कल ही न साथ जाना है
आज दिन भर के लिए
अरे मौत, तुम जरा

सिंहासन पर बैठ जाते तो
कैसा होता ?

मौत को भी लालच आ गया
सिंहासन का लोभ,
क्षमता का लोभ
जो युग–युग से बना हुआ है।

मौत एक दिन के लिए
सिंहासन पर बैठ गई,
कन्याओं ने आकर अलता लगा दिया
लड़कों ने आकर
काजल लगा दिया
मुकुट मंडित मौत का चेहरा
बिल्कुल बदल गया।
वह पहचान में नहीं आ रही थी,
मैंने पूछ लिया

तुम्हें तो अब मैं
पहचान ही नहीं पा रहा
तुम लड़का हो या लड़की
या मौत!

न तो मौत
सिंहासन से उतर पा रहा है
न ही मुझे साथ लिवा जा रहा है।

✦✦

लहरें

बिना लहरों का सागर है कहीं!
बिना चिंता के मन का जन्म
बिना तरंगों की नदी
अहंकार विहीन नारी
बिना बादलों के आकाश की स्थिति
बिना भ्रष्टाचार की संपत्ति!

बिना छात्र देश की प्रगति
बिना आईना चेहरे की
नींद देखती है सपना
तरंगायित हो हमारा जीवन,
स्वप्नमय सुबह
साफ–साफ देख सकते हैं ओस में
सागर में नहीं,
पूरे देश का गणतंत्र
देख सकते हैं छात्रों के चेहरों पर
नेताओं के खद्दर के पहनावों में नहीं
क्या समझ पाए कभी!

क्षमता

यहाँ किसमें कितनी क्षमता है
जान पाना आसान नहीं।

हवा की क्षमता
पेड़ जान भी जाए तो लाचार है,
उसी तरह प्रजा भी लाचार है
तुम्हारी क्षमता जानते हुए भी
इंतज़ार करती हैं चुनाव का।

अगर पर्वत नदी की क्षमता जान जाएं
तो पत्थरों का क्षय नहीं होगा,
अगर समुद्र चाँद की क्षमता जान जाए
तो ज्वार नहीं उठेगा
उसी तरह अगर हम जनता की क्षमता जान जाएं
तो समाज में गलत नीतियाँ नहीं बनेंगी।

पर जनता की क्षमता को
इतिहास ने पढ़ा है,
अनेक युद्धों की विभीषिकाओं में

रक्त में डूबे मैदान को
घास ने भी पढ़ा है।
कुछ भी नहीं बदला
बदलते इतिहास को
जन–शक्ति में बदलनेवाला
सूर्य ही पहचानता है समय को।

यहाँ किसमें कितनी क्षमता है
जान पाना आसान नहीं।

✦✦

मुझे एक बम दे दो

हर रोज पाँच सौ बम गिरते हैं धरती पर
हर रोज करोड़ों फूल खिलते है खामोशी से।

हर रोज चाहे जितने पेड़ काटो
वे बाँहों में भर लेते हैं सूर्य को सबेरे
दुपहरी में छाया के लिए व्याकुल इंसान
जमुहाई लेकर दोपहर का हाथ थाम सोचता है
हमारी गति किधर है ? गति किधर है ?

बम फोड़कर तुम
नदी के मोड़ को सीधा कर सकोगे ?
बम गिराकर फूलों पर
सुगंध से बतियाती
तितलियों के पंख गिरा सकोगे ?
बम फोड़कर सरकंडे तोड़ सकोगे
नदी के पठार से, या
समुद्र की उत्ताल लहरों को रोक सकोगे!

बम फेंककर यदि सारे शिशुओं के
करुण क्रंदन को चुप कराया जा सकता,
मुस्कान लूटी जा सकती
तो मैं मिलता प्रेमिका से चुंबन के बम से
सृजन होता मेरी धरती पर चिरकाल
ध्वंस के विरुद्ध।

और बम मत फेंको
अब शांति और मैत्री के लिए
मुझे एक बम दे दो
मैं एक मंदिर बनाऊँगा
और उसमें स्थापित कर दूँगा मुक्ति को,
मुझे एक बम दे दो
गाड़ दूँगा दुनिया की हर मसज़िद में
जा पहुँचूँगा अल्लाह के पास
सुनने प्रीत की गज़लें।

मुझे एक बम दे दो
हर चर्च में टाँग दूँगा
शांति की कविता ईसा के क्रूस में।
चाहे जितने बम फेंक लो
बंद नहीं होगी चर्च की घंटियाँ,
या घंटियाँ और शहनाई मंदिर की,

चाहे जितने बम फेंक लो
बंद नहीं होगी अज़ान की आवाज आनी मसज़िद से।

अब बम फूटे कविता बन मेरी कलम से
अब बम फूटे फूल बन हर नारी के जूड़े में
अब तुम्हारे ही होठों पर बम के बदले
प्यार के चुंबन का विस्फोट हो।

हर रोज पाँच सौ बम गिरते है धरती पर
हर रोज करोड़ों फूल खिलते है खामोशी से।

✦✦

तुम मेरी कविता

आसमान से नीला रंग लाकर
समुद्र–जल में फेंटकर
बना दो स्याही,
माटी को दवात बनाकर
पेड़ की कलम से
आँक दो सहस्त्र कविताएँ,
तुम्हारे स्नेह, प्रेम–ममता के मरघट में
जले मेरी चिता।

उगते सूर्य को सिंदूर बनाओ
अपने ही माथे का,
अस्त होते सूर्य को बनाओ
महावर अपने ही पैरों का
तुम्हारे स्नेह, प्रेम–ममता के मरघट में
जले मेरी चिता
सारे सपने चुरा लाओ
फूलों की खुशबू मिलाकर
उड़ेल जाओ सारी हरियाली,

विरह के अरण्य में जल जाए सन्नाटा
अंकित हो जाएँ सहस्त्र कविताएँ।

तितलियों के चित्रित पंखों से
चुरा लाओ रंग
लगा लो फूल की तरह
कोमल नारी के अंग में
फूटने दो उसके होंठों से
उषा से मूर्च्छित कल–कल झरने की भाषा।

समस्त नाग साँपों के माथे में
अंकित खड़ाऊ उठा लाओ
और मुझे पहना दो,
अपने पास रख लो सारा विष
पिला दो मुझे अपने सुवासित
प्रेम का अमृत।
मोर के पंख से रंग लाकर
आसमान के इंद्रधनुष से
मेरे उजाड़ पहाड़ में
अंकुरित करो,
कोटि उदय की उषा।

कबूतर के पंख से
चुरा लाओ शांति

मंदिर, मसज़िद, गिरजा से
उतरने दो नीरवता
मनुष्य के हृदय में।
ऐ आतंकवादियों
मत करो रक्तरंजित सिंहासन
किसी के खून से।

अंत नहीं प्रेम, ममता, स्नेह की दूरी का
नाप–तौलकर कभी
घने आँसुओं की सारी गहराई
अपने सीने पर सिसकियों की सारी आतुरता
चुरा लाओ
गूँज उठे देश प्रेम से
पृथ्वी की सारी मानवता
मैं तुम्हारा कवि, तुम मेरी कविता।

साँझ

बरगद की जटाओं–सी लटकी है
अस्तगामी सूर्य की रेखाएँ और
एक संन्यासी के पके बालों में
गुलाल–सी पुत गई हैं।

छत्ते में शहद संचित कर
लौटती मधुमक्खियों के होठों पर
साँझ मिठाई–सी लिस गई है
किसी पेड़ की संधि पर।

मैं हर रोज देखता हूँ उसे
पहाड़ की गोद में
अल्हड़ तरुणी की
खुली छाती को
काली साड़ी से ढकते
साँझ हो जाती है बूढ़ी
अचानक हाथ में दीया लिए
आ धमकता है

किसी का शर्मीला चेहरा
गाँव के हर तुलसी चौरा के नीचे।

खेत से लौटी किसान की घरवाली के
भूखे घूँघट तले
जमुहाई लेती है थिगली लगी रात
तितली को रक्त देते–देते
शाम तक चुकने लगती है फूलों की आयु।

कितने फूलों के रक्त से
गढ़ा है तेरा शरीर, अरी तितली
कितनी ओस की बूँदों से नहाती है तू रोज
कैसे जाता है समय तेरा बीत!

कितनी बार साँझ मिलती है तुझसे
जीवन के मरघट की चिता में
रात को अकेली नारी की कमर में
चाँद को गोद में लिए महाशून्य में।
गाँव की एक लड़की
चबूतरे पर खड़ी होने के दृश्य–सा
साँझ दिखाई देती है मुझे उस पार।

✦✦

परिवर्तन

आज कल तारे
कारागार के क़ैदियों की तरह
उदास लग रहे हैं आसमान में,
ज़मीन पर असंख्य फूल खिले हैं
हँड़िया में चावल फूटने की तरह।

और कुछ दिनों बाद
शायद न जले बिजली।

सड़क पर हठात रुक जाएँगी गाड़ियाँ
शहर तक आएगी गोधूलि
मवेशी के खुरों से उखड़ जाएंगी सड़कें
घोड़े के टाप सुनाई दे रहे होंगे गाँवों में।

भैंस की पीठ जैसी काली सड़क किनारे
देवी मैया की मेढ़ पर बैठे होंगे वर–कन्या
बादलों की पालकी में चाँद बैठे होने–सा,
लोग फिर से उठाकर चल पड़ेंगे

दोनों कंधों पर दिन और रात
बगिया में मिल रहे होंगे शांत भिनसारे।

बैलगाड़ियाँ चलेंगी शहरी सड़कों पर
फूलों से भरी नाव चलेंगी
सड़क किनारे केनाल में,
अब शब्द सुनाई नहीं देंगे
नए लोगों के लिए।

शहर बनेंगे गाँव
चाँद के चौरे के चारों ओर
पढ़े जा सकेंगे तारों के नाम
बाती के धुएँ की शिखा चूमेगी आकाश
फिर से पढ़ी जाएँगी पोथियाँ, भागवत
हवा पढ़ेगी बाँस के झुरमुट में
निर्जन नदी का संगीत।

पहाड़ को पुकारने से पहाड़ करेगा बातें
मोरनी आकर बैठेंगी तुम्हारे ही कंधों पर
हिरण–हिरणी चूमेंगे तुम्हारे ही होंठ।

✦✦

कौन किसे पुकारता है

भला कौन किसे पुकारता है।
भला कौन किसे बेचता है, ठगता है।

समय बेच देता है एक–एक दिन
खरीद नहीं पाता काल हर एक साल को
टूट जाती है सभ्यता आहिस्ता शताब्दी की मुट्ठी में।

कभी कोई याद नहीं रखता
किसी का जाना–आना
सिर्फ तुम याद रहते हो मेरे ही दिल में
तुम्हारे ही स्नेह के पलंग पर
बीते दिनों की यादें करवट बदलती हैं।

कौन किसे पुकारता है
मौत पुकारती है तुम्हें
उसकी पुकार नहीं पड़ती कानों में।

लिफाफे में बंद चिट्ठी की तरह
पढ़ नहीं पाता अब नित यह मनुष्य
जीवन उसका खो जाता है वेबसाइट में।

काल भी बदल जाता है नित केंचुल–सा
छिनते समय को ढूँढ़ा नहीं जा सकता।

साड़ी बदलती नारी से
दल बदलू नेता आगे निकल जाते हैं
उससे पहले सत्ता भी नहीं जान पाती
कब सरकार गिर जाती है धीरे से।

✦✦

तुम

काश, तितली के पंखों का
रंग लाकर
लगा देता तुम्हारी आँखों में,
गुलमोहर का रंग लाकर
चुपड़ देता तुम्हारे माथे पर
जो दमकता रहता हमेशा सिंदूर बन
चुंबन के प्रतिदान में।

सूर्य उदित होंगे, सूर्य अस्त होंगे,
इस ओर देखो तो पहाड़
उस ओर देखो तो नदी
कौन है जो धो रहा है
तुम्हारी साड़ी
जीवन के नहान–घाट पर
तुम्हारा धुला यौवन
मुझे बुलाता है हाथ के इशारे से।

यहाँ उसके बुलाने पर
तुम भी पहुँच सकती थी

तो फिर सूर्य की ओर देखने की जरूरत नहीं पड़ती
चाँद को भी नहीं ढूँढ़ना पड़ता रात में।

एक रोज नीले आसमान से
एक तारा उतरकर
तुम्हारे ही गाल पर तिल बन
खिल उठता है।

जब मैं बादल बनकर तुम्हें चूमता
आँधी आकर पोंछ देती तुम्हारे आँसू।
कहो, क्या तुम यहाँ आ सकती हो,
या मैं ही पहुँचूँ
तुम्हारे दिल की धड़कन बन,
जब हवा छू जाती है तुम्हारे बदन को
मेरा बदन टिके होने–सा लगता है
मानों धूप पर परछाई।

जब हवा फिर से लौट आती है
तुम्हारी देह की गर्म साँसें
मेरे ही रक्तकणों में समा कर
लिख गयी होती हैं
तुम्हारे आँसुओं के खाते में।

तुम मेरे पास नहीं हो
पढ़ने के लिए मेरा प्यार
मैं तुम्हारे पास नहीं हूँ
गिनने को अपने खोए हुए दिन।

✦✦

तुम वैसे ही हो

पत्थर को अगोरकर बैठा
नीला आसमान बदलता है रोज़ाना
पत्थर वैसा ही रहता है।

दिल में निदारुण क्रोध के
अनेक पत्थर–दिलों को देखा है
लोहा को पिघलाया जा सकता है,
पत्थर को नहीं
मनुष्य को बदला जा सकता है
ईश्वर को नहीं।

सभी बदल गए
तुम वैसे ही हो पत्थर जैसे
पर यह मनुष्य बदल सकता है पत्थर को
पत्थर को उकेरकर खिला सकता है फूल
निष्ठुर इंसान का बदल सकता है दिल
प्यार से।

तुम्हारी चाहत के त्याग से
गढ़ा जाएगा सृष्टि का मंदिर
तुम्हारी निष्ठुरता में न मैं होऊँगा
न होगा प्रेम
सिर्फ मरघट तक पसरी होगी तुम्हारी राह।

✦✦

लादेन

विश्वासघाती ज्यादा दिन जीते हैं
वे छुप जाएँ तो उन्हें ढूँढ़ पाना
उतना आसान नहीं।

जितने लोगों की
तुम हत्या करते हो असमय में
उनके आँसुओं से अधिक कीमती हैं
उनकी साँसें
जो तुम्हें जीने नहीं देंगी
इस धरती पर।
फिर से प्रेम उपजेगा, लोगों के बीच।

यह खूबसूरत धरती
सिर्फ तुम्हारी नहीं।
तुम्हारे मरने पर
मुट्ठी भर मिट्टी तक नहीं जाएगी साथ
मिट्टी के अंदर पत्थर की गुफाओं में
विषधारी साँप की तरह
चाहे जितना दुबके रहो

अपने ही गरल से खुद जल जाओगे
क्या सुरक्षित रह पाएंगे
तुम्हारी पत्नी परिवार तुम्हारे आगोश में।

पाप से अंधे लोग ध्वंस हो जाएंगे
बचा रह जाएगा सिर्फ इस पुण्य धरती का आदर्श
जिस पर उगी एक घास मनुष्य की आशा और विश्वास है।
तुम्हारे ही अहंकार से मर जाएंगे
न जाने कितने लोग धरती पर
फिर से जन्म लेंगे वे न जाने किस ग्रह पर
पर तुम बचे रहोगे
घृणा बनकर इतिहास में।

✦✦

कौन देखता है मुझे

शरीर में आत्मा हो तभी तो
कवि कविता लिखेगा!
शरीर में मन हो तभी तो वह कविता
दिल को छूएगी!

शरीर एक जगह होती है
तो प्राण होता है किसी दूसरे महाजगत में
आत्मा खिलती है कभी
एक शांत तारा बन
तो कहीं किसी अनजान नदी में कुमदिनी–सी
उसे देखने के लिए आज कल अब वक्त ही कहाँ ?

ताजी शुभ्रता को
एक बार चूमने तक का
समय कहाँ पतंगे के पास
क्या अब तितली
जाती है फूल के पास
फूल को पुकारती है ?

क्या फूल डाल को छोड़कर
बेवक्त भाग जाता है!

प्लास्टिक का फूल
गमले में रखने से चलेगा
उसे जूड़े में सजानेवाली नारी के लिए
कविता नहीं लिखी जा सकती।

ऐसी नारियों की संख्या
दिनों दिन बढ़ती जा रही है
रेस्त्राँ, होटल
जिन्हें रास आने लगे हैं
क्या वे मेरी कविताएँ पढ़ेंगी ?

गाँव–देहात में रहने वाली सुंदरी
यदि शहर आती है
शोभा नहीं बढ़ती बाज़ार की
बाज़ार के लफंगे उसे
लूटकर नौ–दो ग्यारह हो जाते हैं
पकड़े नहीं जाते।

संगमरमर की कोठियों से, शहरों से
लौटकर आती गाँव की लड़कियाँ
ज़मीन पर लेटकर

टूटे छप्पर के छेद से
निहारती रहती हैं चाँद को।

उन्हीं लोगों के कारण कविता मेरी
सड़ रही है भूख से
कौन–सी अनजान आदिवासी जमीन, सुदूर जंगल,
गाँव की मेढ़ के घास फूल
मुझे हाथ के इशारे से बुलाते हैं
कहते हैं, कविता लिखने से क्या लाभ
भला कौन देखता है मेरी ओर।

✦✦

केवल व्यस्तता

अब वक्त नहीं है किसी के पास

कोई व्यस्त है टी वी में, कोई मोबाइल में
कोई विज्ञापन में तो कोई नारी संग
केवल व्यस्तता ही है हर जगह।

फूल कभी व्यस्त नहीं होता खिलने में
नदी कभी व्यस्त नहीं होती झरने में
तुम क्यों हो इतने व्यस्त
मरने से सबकुछ खत्म नहीं हो जाता
ज़िंदा रह जाती हैं तुम्हारी यादें सदियों तक।

वे फूल बन खिलती हैं
लोट जाती हैं ज़मीन पर
घास की पीठ पर चढ़कर मरना अच्छा है
आकाश में उड़ते हुए गिरने से
राह नहीं मिलती किसी को देखने के लिए
अपनी घर–गृहस्थी।

नदी की धारा चाहे जितना टकराए तटों से
पेड़ की जड़े धीरे–धीरे
कितनी ही समा जाएँ मिट्टी में
आँधी से उखड़ जाता है पेड़।
तुम क्यों उखड़ जाते हो रोज–रोज।

पेड़ एक बार उखड़ गया तो
मर जाता है धीरे–धीरे
तुम एक बार उखड़ गए तो
रोज़ाना मर–मरकर जीना होता है
दूर अस्पताल में।

अब तो वक़्त ही कहाँ किसी के पास।

मिट्टी की देवी

मिट्टी मिट्टी को पुकारती है।

मिट्टी की देवी
तुम किसे पुकारती हो ?
ये नशे में धुत्त इंसान
नाच रहे हैं अब तुम्हारे आगे।

मिट्टी मिट्टी को खाती है,
बचपन में मिट्टी खाकर बढ़ता इंसान
मिट्टी को भूल जाता है।
माँ का दूध पीकर बढ़ता इंसान
माँ को भी भूल जाता है
तुम भी तो मिट्टी से ही बनी हो
मिट्टी के इंसान के लिए
कुछ कहा नहीं कभी तुमने।

देखती हो, सब सुनती हो
अब तुम गिन नहीं पाती
तुम्हारे अनजाने ही अब बढ़ती जा रही है

महिषासुरों की संख्या
तुम गिन नहीं सकती
बलि देते भैसों से लेकर
अंसख्य बकरों के खून से
तुम्हें सदा स्नान कराने में
पागल हैं ये इंसान।

तुम देवी हो
रक्त नहीं मांगा तुमने कभी।
तुम देवी हो
अश्लील संगीत सुनने के लिए
कान नहीं लगाया कभी
नाच, गीत, शराब, श्रृंगार में मत्त लोगों ने
क्या कभी पुकारा है तुम्हें भक्ति से!

तुम्हारी झाँकी के जुलूस में
खूब भीड़ होती है
रास्ता–घाट बंद हो जाते हैं
बेचारे रोगी अस्पताल जाते समय
रास्ते में ही मर जाते हैं।
क्या चंदा उगाहनेवाले दलालों से परेशान
लोगों की आह
तुम तक पहुँच पाती है!

बचपन से यह तमाशा देखते–देखते
मिट्‌टी की मूर्ति का विसर्जन कर
इंसान माँस की मूर्ति के साथ अत्याचार करता है
तुम आती हो हर साल
आँधी, बाढ़, अकाल को साथ लेकर,
कब तक इसी तरह देखता रहूँगा माँ
तेरा आसन, सिंहासन, तेरी मूर्ति
जुलूस तो पसरा रहता है
मिट्‌टी से मरघट तक।

✦✦

कौन जाएगा साथ

चौरासी साल छह महीने
जिस आदमी ने जी लिया
भाग्यवान है वह
मरकर स्वर्ग जाएगा
नहीं मिलेगी यातनाएँ उसे यमराज की।

जीवन में जितना भी धन कमाओगे
सब पड़ा रह जाएगा यहीं
जीते जी जा पहुँचेगा
शराबखाने या
यमराज की घाटी पर।

घट में गगरीभर पानी नहीं है अब
शराब से भरा है पेट
अब नहीं दिखता उसे
बाट–घाट और हाट।

जाएगा कोई नहीं साथ
रिश्ते सब निभेंगे
इसी मृत्युलोक में।

मंदिर में रह जाएंगे कबूतर
रह जाएंगे पिंजरे में तोता और मैना
कई साँझ खो जाने की तरह
गोधूलि के झुंड में।

जितनी भी खरीदी थीं
साड़ियाँ चूड़ियाँ
पड़ी रह जाएंगी धोबी घाट पर।

गले से उतार लेंगे
सोने के सारे गहने
हाथ से उतार लेंगे
काँच की चूड़ियाँ
बाजूबंद से गिर पड़ेगा
स्वर्ण–सुदुशाव्रत

गिर पड़ेगी चूड़ियाँ
जब गले पड़ जाएगी
अदृश्य यमराज की रस्सी।

साथ सिर्फ जाएगा
सूक्ष्म रूप से अर्जित
धर्म–धन और ज्ञान।

✦✦

अंतःस्वर

वह अंतःस्वर अब सुनाई नहीं देता
जो कवि सुन सकता है शांति से
उस स्वर में ईश्वर होते हैं
एक–एक के अंतस में।

यदि तुम देख पाते मेरा अंतस
चोट नहीं पहुँचाते इतनी निर्गमता से
तुम्हारी ही बातें कैसे देती है दर्द
दूसरों के दिल में, तुम जान नहीं पाते।

सीना चीर देने से
कलेजा दिखाई नहीं देता
मिलेगा नहीं हृदय वहाँ
मिल भी जाए हृदय तो
आत्मा तुम्हारी पकड़ में नहीं आएगी।

सुना है कभी आत्मा का स्वर
अब एक–एक आत्मा है अधीर
कातर प्राण से प्राणी पूछता है
जीना जीवन से है कितनी दूर ?

आज सभी हैं जीने को अधीर
भोजन, निद्रा और मैथुन
मनुष्य के अंदर करते हैं आघात!
यह प्राण घट से निकल जाने को रहता है बेताब।

ऐ अंतःस्वर!
फिर भी तुम रहोगे जीवित
मुझमें ही चिरकाल।

✦✦

देवी

कितनी जल्द बुझ गई
प्रेम न करो तो उम्र
जल्द खत्म हो जाती है
पहाड़ के उस पार तुम
खो गई किस नदी में
डुबो दिया चित्रित आँचल
जीवन बंशी में झोंककर नीरव संगीत।

रात कब बीत जाती है
क्या तारा नहीं जानता,
खिलते फूल के झड़ने का समय
कितनी जल्द आ जाता है
पेड़ के नीचे तुम छाया देती हो मुझे
फल भी नहीं देती
जो लटकते हैं भाग्य की डाल पर।

कितनी जल्द चुक जाता है यौवन
जीवन नहीं जान पाता
बाती नहीं पूछती

जलते घी का मूल्य
मैं माटी का दीपक
तुम आग की लपट
सिर्फ समझती हो
क्या पुण्य है
क्या पाप।

किसने किससे विवाह किया
मंडप को याद नहीं,
रात की मुट्ठी में भरकर
तारों की कौड़ी
चाँद की सुहागरात होती है
रोज़ाना कुमुदिनी के साथ।

तुम उसी तरह रोज़ाना खिलती रहोगी
मेरे सीने के पंक–पलंग पर!
तुम चिरकाल सो जाओगी
हृदय के स्वर्ग पलंग पर।

तारा नहीं मरता कभी दिन में
जीता रहता है चिरकाल
सूर्य के साथ
हे रात, तुम रोज़ाना आती हो
प्रेमी के कुंतल में

कभी वेणी
कभी जूड़ा
कभी रात तो कभी दिन
यह नित्य सत्य है
मैं ज़िंदा रहूँगा महज
तुम्हारे प्रेम में।

मेरा मन यदि पहुँच पा रहा है
चाहे जितनी दूर होने के बावजूद
तो देह क्यों नहीं पहुँच पाएगी
तुम्हारी सिर्फ एक नज़र से
धरती डोल उठेगी
मुँद जाएंगी आँखें
अनंत शृंगार से।

✦✦

झूठी रात : सच्चा दिन

माया रूपी झूठी दुनिया में
सभी झूठ कहने को पागल हैं
जाने अनजाने
बिता देते हो समय
झूठ के पीछे रहकर।

झूठ कभी तुम्हारे पीछे नहीं रहता
तुम्हारी देह अगर सच है
झूठ है उसकी परछाईं
झूठ कभी नहीं होता सच का भाई
कोई नहीं बचा झूठ कहने से।

झूठ कहने वाले इंसान की
भगवान भी मदद नहीं करते
यदि मैं कहूँ कि झूठ नहीं बोलता
मुझसे बड़ा झूठा कोई नहीं इस दुनिया में
झूठ यदि कहो किसी के उपकार के लिए
उस झूठ से बिल्कुल नुकसान नहीं,

दूसरों के उपकार में लगते हैं जो झूठ
सच से बड़े होते हैं वे।

क्या फूल खिलते हैं झूठमूठ में
क्या तितली फूल के कानों में
झूठी बातें कहते हुए गुनगुनाती है!
यदि झूठ कहती होती
तो उड़ नहीं पाती आकाश में।

क्या सचमुच झूठ बिखेर सकती है हवा में
फूलों की पंखुड़ियाँ!
झूठ नहीं होता चारा या पानी में
बीज में या आग में
झूठ से नहीं बढ़ते पेड़
पेड़ कभी नहीं बोलते झूठ
कटते समय।

क्या पक्षी ने कभी सुना है
उड़ते समय पत्तों के मुँह से झूठी वाणी
पेड़ कभी नहीं कहता झूठी—कहानी
जब तुम झूठ बोलते हो
मुरझा जाता है तुम्हारा चेहरा।

जब तुम सच कहते हो
भगवान समाए होते हैं तुम्हारे भीतर
होंठ भी सुंदर लगते हैं कलियों की तरह
परेशान होने पर
भगवान भी मदद नहीं करते
झूठ कहने वाले इंसान की।

सच कहनेवाला
शायद दंड पाता है
कहा गया है कि
सच कहने पर सीना कभी–कभी
फट जाता है।
झूठ कहनेवाला डूब जाता है नदी की धारा में
तैरना आने पर भी समुद्र डुबो लेता है उसे
नदी कभी पार नहीं लगाती झूठी नैया को
झूठा इंसान चप्पू चलाते–चलाते थक जाता है।

सच्चा इंसान
दुख का सागर पार कर जाता है
झूठ की लहरें गिनते–गिनते
उकता जाता है
साँसें तक पहुँच नहीं पातीं किनारे

शंख–घोंघे झूल रहे हैं झूला
धवल झाग पर।

दुखी को दुख देता है झूठ
सुखी को सुख देता है सच
नारी के होंठो पर मुस्कान बिखेरने पर
एक सच चुंबन बन चिपक जाता है
झूठ से प्रेम दूर चला जाता है।

मछली कभी झूठ नहीं बोलती
तैरने में ही उसका आनंद है
उसके लिए लहरें जैसी हैं
गहरा पानी भी वैसा ही है।

मक्खी झूठी मिठाई पर बैठती है
बिष्ठा पर भी बैठती है
मछली खेलती है पानी से
मक्खी खेलती है घाव से।

सच के लिए जान चली जाए
झूठ से जीना न पड़े
केंचुए–सा जीने की बजाय
नाली में मरना बेहतर है।

तुम्हें पाने के बाद
झूठे इस संसार में अब
सच को नहीं ढूँढ़ पा रहा
जीवन के छंद में
सच कभी सोया है
कुँआरी कन्या की गोद में
गहरी नींद में।
झूठ कहते–कहते
सच को जान पाने पर
जवानी कहीं छिप गई है बुढ़ापे में।

सच कहने पर नींद नहीं आती
झूठ कहने पर रात बीत जाती है
दिन में नहीं आता सपना
तुम्हारी कल्पना कहाँ चली जाती है,
अचानक नींद टूट जाती है
सूरज उगता है
झूठ के मायाजाल से
तुम मुझे ढक लेती हो।

✦✦